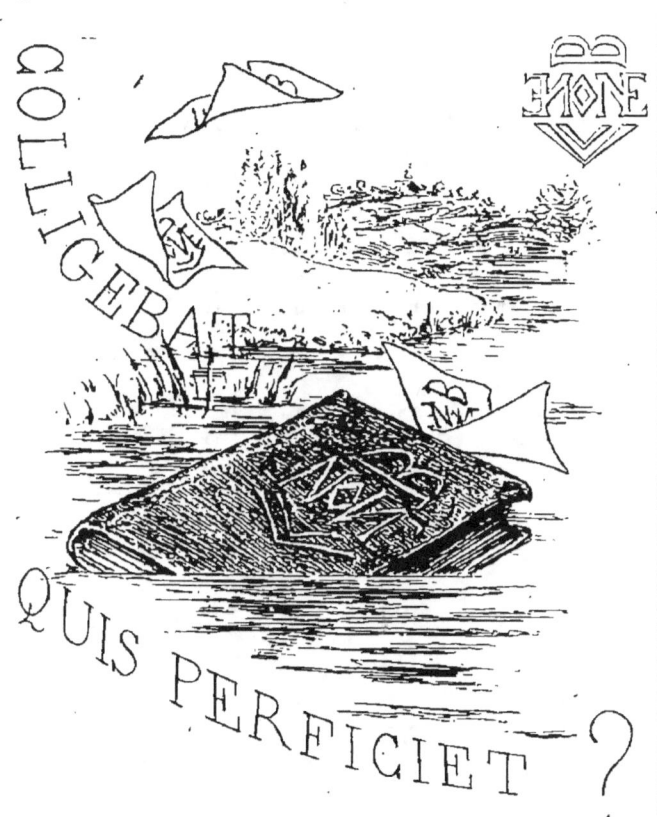

Bracquemond del et sculp. 1875.

A. CHABOUILLET

LE CAMÉE

représentant

L'APOTHÉOSE DE NAPOLÉON IER

gravé

Par M. Ad. DAVID

d'après le plafond d'ingres

PARIS
EUGÈNE BELIN, LIBRAIRE-ÉDITEUR
RUE DE VAUGIRARD, 52

1879

A. CHABOUILLET

LE CAMÉE

REPRÉSENTANT

L'APOTHÉOSE DE NAPOLÉON IER

GRAVÉ

Par M. Ad. DAVID

D'APRÈS LE PLAFOND D'INGRES

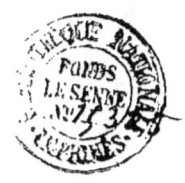

PARIS
EUGÈNE BELIN, LIBRAIRE-ÉDITEUR
RUE DE VAUGIRARD, 52

1879

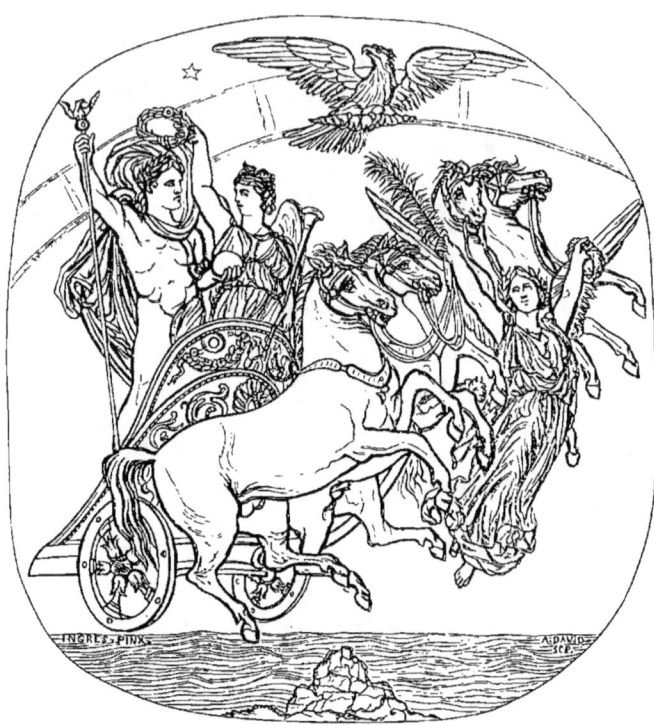

Camée de M. Ad. David.

LE PLUS GRAND CAMÉE

DES TEMPS MODERNES

Avant la guerre, on admirait à l'Hôtel-de-Ville de Paris, dans le salon Napoléon, un plafond peint par Ingres, en 1854, représentant l'apothéose de Napoléon Ier. Le vainqueur de Marengo et d'Austerlitz, debout sur un quadrige, montait majestueusement vers le séjour céleste. Debout à ses côtés, la Gloire plaçait une couronne sur sa tête ceinte du laurier des Césars, tandis que la Victoire guidait l'attelage divin. Dans les cieux, l'aigle avec la foudre; sur la terre délaissée par le héros, la France éplorée, vêtue de deuil, contemplait ce spectacle, debout non loin du trône impérial, d'où la Justice s'élançait pour terrasser l'Anarchie.

Il faut bien parler de ce plafond au passé ; il a disparu dans l'incendie du 24 mai 1871 ; mais heureusement ce chef-d'œuvre n'est entièrement perdu ni pour nous ni pour la postérité.

Des dessins, une estampe et un camée, qui par une singulière coïncidence sont en ce moment même exposés publiquement[1], nous ont conservé la pensée et les grandes lignes de cette composition, l'une des plus importantes du peintre de l'*Apothéose d'Homère*. Les dessins sont au Palais-Bourbon[2], l'estampe au palais des

---

1. Cette notice a été écrite et publiée pour la première fois dans les premiers jours de juin 1874, pendant la durée du Salon. En 1875, elle a été réimprimée dans le t. XXXI des mémoires de la Société académique d'Angers; on en donne ici une troisième édition revue, corrigée et augmentée d'un bois représentant le camée de M. David (juin 1879).
2. L'un de ces dessins appartient à M. le comte Welles de Lavalette. On y lit la date de 1824, peut-être pour 1854, et la signature d'Ingres; il porte

Champs-Élysées[1], où figure aussi le camée, objet de cette étude[2].

Dans la pensée, presque prophétique du ministre qui, en commandant ce camée, voulait laisser à nos arrière-neveux un souvenir impérissable d'un des chefs-d'œuvre de la peinture au dix-neuvième siècle, il fallait que, par sa beauté matérielle et par ses dimensions, la pierre sur laquelle on devait le graver fût digne à la fois de la France, du héros et de l'artiste.

On chercha donc une belle et grande pierre; mais les nobles agates, les sardonyx à plusieurs couches tant aimées des anciens, sont d'une rareté excessive. Depuis longtemps il n'en arrive plus de l'Inde ou de l'Afrique[3]; aussi Jacques Guay, dont on possède au cabinet des médailles un camée sur une merveilleuse sardonyx à trois couches, paraît-il être le dernier graveur à qui soit échue la bonne fortune de rencontrer une pareille matière[4].

Après trois années d'attente, on désespérait de trouver une pierre de la dimension voulue, lorsque enfin, vers 1861, on présenta à l'administration un bloc de sardonyx qui, une fois débarrassé de ses irrégularités, devait présenter une surface de $0^m,24$ de hauteur sur $0^m,22$ de largeur. C'était de quoi faire un camée assez grand pour figurer parmi les plus grands qui nous

le numéro 616 dans le catalogue de l'Exposition au profit des Alsaciens-Lorrains. Sa hauteur est de $0^m,42$, sa largeur de $0^m,37$.

L'autre dessin, rehaussé de couleurs à l'aquarelle, appartient à Mme Ingres. C'est le numéro 614 du même catalogue. On y lit l'inscription : *In nepote redivivus erit*, qui ne fut pas reproduite sur le plafond par ordre de l'empereur Napoléon III. Diamètre $0^m,15$.

1. L'estampe, due à M. Salmon, porte le numéro 3571 dans le livret de l'exposition des ouvrages des artistes vivants de 1874.
2. Le camée porte le numéro 3212 dans le même livret.
3. Pline, *Hist. nat.*, liv. XXXVII, dit qu'on trouvait ces belles pierres dans les torrents de l'Inde.
4. Ce camée représente Louis XV. On peut en voir la figure dans la notice sur Jacques Guay, de M. Leturcq. Paris, 1873.

soient venus de l'antiquité. Ce n'était pas assez pour qu'on pût y graver en totalité la noble composition d'Ingres, en laissant au personnage principal les proportions convenables. Le maître le comprit le premier ; c'est lui-même qui, sacrifiant trois des figures allégoriques, conquit ainsi un large espace pour le groupe de Napoléon Ier ; c'est lui aussi qui sut heureusement remplir le vide qu'il faisait dans la partie inférieure de la pierre ; il y figura le rocher de Sainte-Hélène se dressant seul au milieu de l'immensité de l'Océan.

Telle est la composition que M. Adolphe David, statuaire et graveur en pierres fines, fut chargée de reproduire, avec l'assentiment d'Ingres, qui s'intéressa vivement à cette œuvre. Commencé en 1861, ce camée vient seulement d'être terminé ! aurait-il donc fallu trois lustres pour l'exécuter[1] ? Non. La maladie, les malheurs de la patrie en ont prolongé l'élaboration ; mais il est bon que le public le sache, cette œuvre n'a pas dévoré moins de six années de la vie de son auteur, sans parler de près de deux autres années qu'a coûtées le travail de dégrossissement confié au praticien.

« Le temps ne fait rien à l'affaire, » dit Alceste à Oronte dans la seconde scène du chef-d'œuvre de Molière, mais il ne s'agit que d'un sonnet.

Si l'on démontrait à Alceste, en lui présentant le camée de M. David, qu'une telle œuvre exige impérieusement six années de travail incessant, quoi qu'on y dépense de zèle, d'activité et de talent, peut-être le Misanthrope lui-même répondrait-il autrement ?

C'est afin d'obtenir en faveur de cette œuvre un peu de l'attention bienveillante du lecteur, que nous tenterons de l'initier aux procédés de la glyptique, « cet art le plus pénible et le plus rebutant de tous » au dire d'un

1. Ceci a été écrit en 1874.

des plus célèbres graveurs du dix-huitième siècle, de Natter, à qui l'on doit un traité de la gravure en pierres fines, publié en 1754[1].

D'accord avec Mariette, qui avait écrit sur cet art quelques années auparavant[2], Natter, après avoir étudié le faire des anciens sur leurs œuvres et avoir lui-même répété la plupart de leurs *coups,* déclare avoir acquis la conviction que les modernes employaient les mêmes procédés que leurs prédécesseurs grecs et romains. Cette immutabilité n'étonnera pas lorsqu'on saura qu'elle tient à une loi de la nature qui n'a pas changé depuis quatre mille ans, une loi que la science n'a pas encore su violenter et qu'elle ne violentera sans doute jamais. Cette loi, c'est que les véritables pierres dures ne se laissent pas entamer par l'acier et ne cèdent qu'au diamant. Les expérimentations de Natter sont d'ailleurs confirmées par quelques mots échappés à Pline sur ce sujet à propos de la falsification des pierres précieuses, fort pratiquée dans l'antiquité, qui avait aussi ses sophistiqueurs :

« Le meilleur moyen de savoir si une pierre est bonne
» ou fausse, serait d'en abattre une parcelle et de l'écra-
» ser sur une lame de fer ; mais les brocanteurs ne veu-
» lent pas plus de cette épreuve que de celle de la lime.
» Du reste, » ajoute Pline, « il y a tant de différences entre
» les pierres : les unes ne peuvent être gravées que par
» le fer » (ici l'encyclopédiste romain parle de pierres que nous ne considérerions pas comme dures) « d'autres
» obéissent au fer émoussé à dessein, *ferrum retusum,*
» mais elles ont cependant un trait commun : toutes
» cèdent au diamant[3]. »

---

1. *Traité de la méthode antique de graver les pierres fines,* etc., par Laurent Natter. Londres, 1 vol. in-f°, 1754.
2. *Traité des pierres gravées,* par P.-J. Mariette. 2 vol. in-f°, 1750.
3. *Histoire naturelle,* XXXVII, XIII.

Pline disserte ailleurs sur les moyens de briser le diamant, et se faisant l'écho d'un conte populaire, expose d'abord gravement que l'on ne venait à bout de briser cette pierre, si bien nommée *l'indomptable* que par la vertu du sang de bouc encore chaud, selon une recette qui ne pouvait avoir été donnée aux hommes que par les dieux [1]; puis cette fois sérieusement instructif, il dit aussi que le diamant une fois brisé s'éparpille en parcelles microscopiques, avidement recherchées par les graveurs.

« Ceux-ci, » dit-il, « les enchâssant dans le fer creusent
» facilement les matières les plus dures. »

Facilement! ceci est une manière de parler; on ne creuse et on ne sculpte jamais facilement les pierres dures, nous le verrons, mais passons. Pline va nous apprendre encore que, comme les modernes, les anciens ne gravaient les pierres dures qu'au moyen d'une machine dont le principe était celui du touret. « L'ardeur
» brûlante de la tarière, » dit-il, « est ce qui sert le plus
» efficacement dans la gravure des gemmes. » Voilà bien des choses en peu de mots ; c'est que la langue de Pline est encore plus expressive que celle de Covielle.

En effet, qui ne reconnaîtra pas le rapide mouvement de rotation communiqué à un instrument à forer adapté à l'arbre d'acier du touret, dans cette phrase, qu'avec la permission des lectrices, je prends la liberté de citer en latin : « *Plurimum vero in his terebrarum proficit fervor* [3] » ?

La pierre confiée par l'État à M. David n'a pas les riches couleurs qui donnent tant de prix à un camée; loin d'avoir trois, quatre et même cinq couches, comme

---

1. *Histoire naturelle*, XV, IV.
2. *Ibid.*, VII, LXXVI, 13.
3. *Ibid.*, XXXVII, XV, 4.

les splendides spécimens de la glyptique dans l'antiquité qui sont parvenus jusqu'à nous, cette agate, à vrai dire, n'a qu'une seule couche. D'un ton gris foncé, elle ne s'éclaire que de rares veines blanches; c'est un désavantage pour l'artiste qui ne peut demander à une surface terne et monotone certains effets qu'il aurait pu obtenir d'une pierre polychrome; mais c'est une garantie lorsque, comme dans l'espèce, il s'agit de reproduire une composition à laquelle on ne peut pas apporter la plus légère modification. Le graveur est assuré de ne pas se heurter contre des nuances fâcheuses; s'il doit renoncer aux séductions de la couleur, il n'aura pas à céder sur le dessin. A ce propos, que M. David me permette une question. Il a donné à sa pierre le nom de sardonyx; la sardonyx n'est-elle pas une agate dans laquelle dominent le rouge de la sarde et le blanc de l'onyx sans préjudice d'autres couleurs moins tranchées? S'il en est ainsi, comme il n'y a pas apparence de rouge et qu'il y a très peu de blanc dans notre pierre, ne serait-ce pas plutôt une *agate-onyx cendrée?* Je lui laisserai toutefois le nom de sardonyx qui est inscrit au livret; le commerce des pierres qui se soucie peu d'étymologie désigne peut-être ainsi aujourd'hui toutes les agates convenables à la gravure?

Maintenant, veut-on nous accompagner dans l'atelier de M. David, où nous allons le suivre dans les détails de sa courageuse entreprise.

Pyrgotèle comme Dioscoride, Valerio Vicentino comme Jacques Guay, n'y trouveraient rien de changé de ce qui est l'essence de l'art du graveur en pierres fines.

Tout graveur en pierres fines doit être dessinateur et sculpteur. M. David, en véritable artiste, a sculpté lui-même le modèle d'après lequel il a traduit l'œuvre d'Ingres. Ce modèle est deux fois plus grand que le camée. Moulé en plâtre et délicatement réparé, le bas-relief de M. David a été approuvé par Ingres, qui a assez vécu pour voir entamer cette œuvre à laquelle il s'intéressait avec cette passion juvénile que ce grand maître trouva jusqu'au bout pour les choses de l'art. Sur un tracé exécuté à la pointe de diamant par le graveur, la pierre a été dégrossie par un praticien; elle est amenée au point où la main de celui-ci doit céder la place à celle du graveur.

A ce moment, l'artiste saisit sa pierre; lorsqu'il s'agit d'une pierre de 3 ou 4 centimètres, il la tient facilement dans la main; mais soutenez donc, pendant des journées entières, une pierre de 24 centimètres de hauteur sur 22 de largeur, de 3 d'épaisseur et du poids de 5 kilogrammes!

Les précédents manquaient. Depuis le règne de Tibère, qui vit graver un camée un peu plus grand que celui de M. David, nul ne s'est avisé de pareille entreprise, et nous n'avons pas les mémoires de l'auteur, resté inconnu, de ce roi des camées; force était donc à notre artiste d'inventer et de se fabriquer un mécanisme spécial. Un cric et une planchette suspendue par quatre cordes firent l'affaire.

Quels sont les auxiliaires que va maintenant employer le graveur en pierres fines? Un touret, de la poudre de diamant avec un peu d'huile, et de petites tiges de fer, non pas dur, mais doux, *recuit,* du *fer mousse,* le *ferrum retusum* de Pline. Fort différentes du ciseau du sculpteur qui enlève souvent avec violence des copeaux au marbre, ces tiges de fer mousse sont aplaties et arrondies par l'artiste qui les façonne lui-même au tour. Au siècle dernier, on nommait ces instruments *bouterolles* ou *scies;* aujourd'hui le nom générique de *mo-*

lette qui vient de *mola,* meule, a prévalu, bien que certaines molettes soient encore indiquées par l'ancien nom de scies. Ce sont, en effet, de petites meules qui creusent, coupent, en un mot sculptent la pierre dure, mais uniquement en l'usant. Le graveur en a toujours des douzaines à portée de la main, afin de pouvoir les changer selon les nécessités du travail.

Tous les préparatifs sont terminés; le touret est en place, aussi près du jour que possible; l'artiste s'assied, choisit une molette dans le râtelier, l'enduit de poudre de diamant mêlée à de l'huile, l'adapte à l'arbre du touret, et, frappant du pied la pédale, donne l'impulsion à la roue qui aussitôt tourne avec une vertigineuse rapidité. Cet enduit est une sorte de trempe; par une loi de la nature, la poudre de diamant se trouvant prise entre deux corps, l'un relativement doux, le fer mousse, l'autre dur, la pierre fine, pénètre le doux et s'y agrège étroitement à l'instant même. C'est de ce mariage forcé du diamant et du fer que naît l'instrument seul capable de vaincre les pierres dures, et cette incorporation est si complète, que lorsqu'on veut arracher la poudre de diamant d'une molette devenue hors d'usage, ce qui arrive fréquemment, il faut la faire repasser au tour.

On a compris maintenant les lenteurs indicibles de l'élaboration d'un camée; on sait que le graveur pourrait briser, mais non graver ou sculpter une pierre dure en l'attaquant brusquement, fût-ce à l'aide de sa molette armée de poudre de diamant. On a deviné qu'il doit user péniblement ces intraitables matières avec une patience, un tact et des précautions inimaginables.

Qu'il s'agisse de graver en creux, c'est-à-dire d'obtenir une *intaille,* ou de sculpter en relief, c'est-à-dire d'obtenir un *camée,* le principe et les instruments ne changent pas; seulement il y a des différences dans l'exécution. S'agit-il d'une intaille, l'artiste creuse la pierre en l'usant ; d'un camée, il dégage un bas-relief, mais toujours en usant.

Le seul avantage que le graveur en relief ait sur le graveur en creux, c'est qu'il n'est pas obligé comme ce dernier qui marche presque en aveugle, de s'arrêter à chaque instant et de prendre l'empreinte de ce qu'il vient de creuser afin de pouvoir se juger lui-même.

Lorsqu'il grave un camée, du moins l'artiste voit ce qu'il fait, mais comment? comme on voit marcher la petite aiguille d'une montre !

La lenteur de cette élaboration lasserait la patience d'un saint, et cependant, il est des artistes que n'effrayent pas de telles entreprises ! et c'est de grand cœur que M. David a accepté la mission de reproduire sur pierre dure la composition d'Ingres. Le voici enfin à l'œuvre ; il est en train ; il va suivre scrupuleusement son modèle, changeant de temps à autre la place de sa pierre sous la molette, sans autre distraction que celle de varier ses instruments, toujours frappant du pied la pédale, et cela pendant des heures, des journées, des mois, des années ! Et qu'on ne s'y trompe pas, il n'y a pas à s'endormir un instant. Aussi bien que la roue de son touret, le graveur doit conserver jusqu'au bout la ferveur du début.

« Le marbre tremble devant moi, » disait Michel-Ange. J'accepte l'hyperbole pour le marbre, mais non pour les pierres dures.

La sardonyx ne tremble devant personne ; elle aurait résisté au fougueux Florentin lui-même.

De même que les génies esclaves de la lampe d'Aladin, la sardonyx n'a qu'un maître, le diamant. Encore ne lui obéit-elle qu'à regret, comme les génies à la lampe. De celui qui manie ce talisman, la sardonyx exige une inébranlable volonté, des efforts incessants et une dextérité dont on ne peut se faire l'idée, même après l'avoir vue à l'épreuve. La sardonyx n'obéit pas à la violence ; elle ne cède qu'à une force continue, il faut la convaincre par une persévérante fermeté.

En un mot, le diamant sculpte les pierres dures, à la manière de la goutte d'eau perçant un rocher.

Telles sont les difficultés renaissantes de la gravure d'un camée comme celui que vient de terminer M. David ; la plume ne saurait les exposer complètement, et, d'ailleurs, où est le lecteur qui aurait, pour en entendre le récit détaillé, la patience qu'il a fallu à l'artiste pour les vaincre ?

Exécuter un camée de quatre ou cinq centimètres, c'est déjà une œuvre longue et ardue ; mais encore en prévoit-on la fin ; on y arrive même relativement assez vite. Mais quand aura-t-on terminé l'*Apothéose de Napoléon*? Vivra-t-on assez pour mener à la fin une aussi longue entreprise? Le prince qui aura commandé ce camée sera-t-il encore sur le trône ou de ce monde, lorsque, après plus d'un lustre, l'artiste se verra sur le point de l'achever?

C'est en 1861, disions-nous, que le camée de l'*Apothéose de Napoléon Ier* a été commandé à M. David. A ce moment Napoléon III était sur le trône, et c'est sous la République, sous la présidence de M. Thiers, que les allocations accordées primitivement et reconnues insuffisantes, furent libéralement augmentées, et c'est sous le septennat du maréchal de Mac-Mahon que cette glorification du premier Empereur arrive sous les yeux du public !

Après six années de travail, cette œuvre est terminée. Tiendra-t-on compte à l'artiste de ces années d'abnégation, de dévouement à la gloire d'un autre ? Le graveur sera-t-il récompensé par la fortune et par la renommée ? Hélas ! les arts abandonnés par le public, ne donnent ni l'une ni l'autre ; et il faut bien le dire, le public n'aime plus guère les œuvres de la glyptique. Le moindre tableau de genre ferait mieux son affaire ; jadis l'apparition d'un camée comme celui de M. David eût été un événement ; aujourd'hui, si l'on ne prend pas soin de répéter au visiteur du Salon qu'il a fallu des années pour achever le bas-relief sur pierre dure dont la désignation tient à peine deux lignes au livret, si on ne lui dit pas que depuis 1700 ans, on n'a pas fait un camée de cette importance, qu'il a sous les yeux le plus grand camée qui ait été gravé depuis l'Empire romain, il passera sans le voir, ou s'il le regarde d'un œil distrait, il se hâtera de fuir le vestibule glacial où il est exposé, pour pénétrer dans le salon carré où l'attirent les séductions de la peinture.

Cette indifférence du public, qui frise l'injustice, est d'ailleurs excusable, surtout cette année où tant d'exhibitions du plus grand intérêt se disputent son temps et son attention. D'ailleurs est-il bien vrai que le camée de M. David soit le plus grand des temps modernes ? Oui, nous croyons pouvoir l'affirmer ; c'est même le second par la dimension de tous les camées connus, y compris les six ou sept grands camées antiques, orgueil des musées de l'Europe.

Les géants de la glyptique ne sont pas tellement nombreux qu'on ne les connaisse tous ; on en pourrait dire les noms, comme ceux des diamants illustres, le *Régent*, le *Sancy*, l'*Étoile du Sud* ; s'il était nécessaire on en ferait la liste suivant l'ordre de dimension. Or, dans cette liste, le camée de M. David viendrait immédiatement après le plus grand des camées connus, soit antiques, soit modernes. Ce camée que l'on nomme absolument *Le grand camée de France,* a été exécuté sous le règne de Tibère, il représente aussi une apothéose, celle d'Auguste, et est gravé sur une sardonyx qui ne dépasse que de quelques centimètres la dimension du camée de M. David[1].

Après le géant des camées antiques, venaient au second rang les deux grands camées de Vienne[2], le grand camée de la Haye[3], et le grand camée de Saint-Pétersbourg[4], qui supérieurs à l'*Apothéose de Napoléon I*[er] par la beauté de la matière, devront désormais au point de vue de la dimension, céder le pas à ce nouveau venu.

Si nous n'avons pas failli à notre tâche, le lecteur appréciera ce que le camée de M. David, représente de difficultés vaincues : c'est maintenant au public qu'il appartient d'apprécier si l'œuvre est à la hauteur du modèle.

C'est à lui de juger si le graveur a su rendre la simplicité antique de la composition d'Ingres ; si en la sculptant en relief sur cette impérissable matière, il a su en conserver les lignes sévères et harmonieuses, en un mot,

---

1. Le grand camée, qu'on peut voir à la Bibliothèque nationale de Paris, a 0^m,30 de hauteur sur 0^m,26 de largeur. Le camée de M. David a 0^m,24 de hauteur sur 0^m,22 de largeur.

2. Parmi les camées antiques de la collection impériale et royale de Vienne, les plus grands sont le *Triomphe de Tibère,* que l'on nomme toujours à côté de notre *Apothéose d'Auguste,* et le camée d'*Auguste,* qui offre cette rare particularité d'être gravé des deux côtés. Le *Triomphe de Tibère* a 0^m,20 de hauteur sur 0^m,23 de largeur ; la pierre sur laquelle est gravé le portrait d'*Auguste* est ronde et a 0^m,23 de diamètre ; mais sans doute en raison du défaut de la matière, le buste impérial n'a que 0^m,05 de hauteur sur 0^m,04 de largeur ; au contraire, l'aigle remplit presque entièrement l'espace du revers.

3. Le grand camée antique de La Haye, qui représente le *Triomphe* ou l'*Apothéose de Claude et de Messaline,* a 0^m,223 de hauteur sur 0^m,178 de largeur.

4. Le grand camée antique de Saint-Pétersbourg, qui représente les bustes conjugés de *Ptolémée II Philadelphe* et d'*Arsinoé,* sa femme, a 0^m,17 de hauteur sur 0^m,13 de largeur.

s'il n'a pas vainement consumé tant d'années à lutter avec le grand peintre.

Disons-le nettement, il nous paraîtrait regrettable que le camée de M. David n'obtînt pas tout le succès qu'il mérite[1]. M. David est un élève des anciens ; il a étudié leurs secrets et sans les imiter servilement, à force de vivre dans l'intimité de leurs œuvres, il est parvenu à donner aux siennes l'aspect monumental qui caractérise son grand camée.

Ingres, qui avait la meilleure opinion du talent de M. David, et dont nous avons pu lire à ce sujet un témoignage non équivoque, Ingres aurait applaudi à cette intelligente et fidèle reproduction de l'un de ses plus importants tableaux. Pourquoi la lenteur obligée de la gravure en pierres fines a-t-elle privé M. David du suffrage d'un tel maître ?

Une compensation était réservée à M. David ; son nom ne périra pas, il passera à la postérité avec celui d'Ingres qu'il a religieusement inscrit sur ce camée qui, un jour, sera peut-être tout ce qui parlera à la postérité de la célèbre peinture du salon Napoléon à l'Hôtel-de-Ville de Paris.

Vingt années à peine se sont écoulées depuis que cette peinture a été mise en place, et il y en a déjà trois qu'elle n'existe plus ! Nous possédons encore, je ne l'oublie pas, les dessins exposés au Palais-Bourbon et l'estampe de M. Salmon[2]. Mais que sont devenus les peintures ou les dessins d'après lesquels ont été exécutés les grands camées antiques de Paris et de Vienne ?

Détournons les yeux de trop sinistres prévisions ! Si les dessins peuvent périr, toutes les épreuves des es-

---

1. Le camée de M. Ad. David est désormais placé au musée national du Luxembourg.
2. Et aujourd'hui, le bois de M. Moller, qui illustre cette notice.

tampes ne périront pas, il faut l'espérer, mais enfin ! le papier s'altère et brûle facilement. Au contraire, les pierres dures brûlent très difficilement ; si par malheur un incendie les fait éclater, les morceaux restent.

En un mot, les camées, que l'on met facilement en sûreté en cas d'alarme, ont l'avantage d'échapper aux causes les plus habituelles de destruction, et partagent en quelque sorte l'immortalité promise aux héros dont ils perpétuent le souvenir et les images.

Nul n'a intérêt à détruire des objets qui ne se fondent pas dans un creuset comme un lingot d'or, qui brisés ne sont plus qu'un peu de poussière. On peut le répéter, les camées sont impérissables autant que les choses créées peuvent l'être, aussi après avoir terminé une œuvre comme l'*Apothéose de Napoléon I*er, l'artiste, peut-il s'écrier comme Horace et avec plus de modestie :

Exegi monumentum ære perennius.

SAINT-CLOUD. — IMPRIMERIE DE Mme Ve EUGÈNE BELIN

www.ingramcontent.com/pod-product-compliance
Lightning Source LLC
Chambersburg PA
CBHW050040230526
45470CB00003B/1376